運動が できる👍 すきになる本

5

すいえい

眞榮里耕太／監修

はじめに

プールに入(はい)るのはすきですか？　きらいですか？

きらいな人(ひと)、にがてな人(ひと)は、「水(みず)の中(なか)で息(いき)ができなくてくるしくなったり」

「体(からだ)がしずんだり」、思(おも)いどおりに動(うご)けないからですよね。

れんしゅうをして水(みず)の中(なか)でじゆうにおよぐことができるといいですね。

☑ もぐったり、ういたりすることができる

☑ バタ足(あし)で前(まえ)にすすむことができる

☑ クロール、ひらおよぎをおよぐことができる

学校(がっこう)ではプールに入(はい)れるきかんがとてもみじかいです。

動(うご)きのポイントをかくにんして、およげるようにがんばりましょう。

じゅんびと気(き)をつけること

☑ 目(め)や耳(みみ)、皮(ひ)ふにびょうきが
あるときは、お医者(いしゃ)さんに
いく
☑ 体(からだ)のちょうしをかくにんする
☑ 体温(たいおん)をはかる
☑ ぼうしとゴーグルをつける
☑ シャワーをあびる
☑ じゅんび運動(うんどう)をする
☑ こまめに休(きゅう)けいし、
水分(すいぶん)をとる

ごむのちょうせつを
しておく。
つけ方(かた)をかくにんする。

ゴーグル

大(おお)きくなまえを書(か)く。
かみをしまう。

ぼうし

男子(だんし)はウエストのごむを
ちょうせつしておく。

水着(みずぎ)

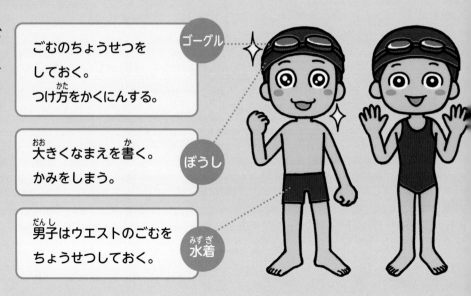

もくじ

すいえい

☑ プールサイドは走らない

☑ プールサイドの水ぎわは歩かない

☑ とびこみをしない

☑ はい水口には近づかない

☑ ぐあいがわるくなったときは、
むりをしないでおよぐのをやめる

この本のつかい方

このシリーズは、運動ができるようになりたい人たちの
いろいろななやみにこたえて、かいけつする本です。
さまざまな運動や場面ごとにしょうかいしていますので、
どこから読んでもかまいません。
気になるところから読んでみてください。

運動のさまざまな
場面で、できるように
なりたいこと

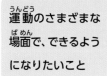

なやみのかいけつ
ほうほうが書いて
あるページ

なやみをかいけつしたり、できるようになりたい
ことをかなえるほうほう。その中でもいちばん
だいじなポイントをしょうかい

よくあるなやみや、できるように
なりたいこと

お手本

できるようになるためのポイント

！ 注意すること、やってはいけないこと

ちょっと気にな
ることをとりあ
げてせつめい

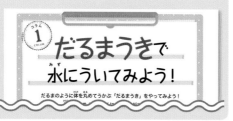

れんしゅうほう
ほうや、ためし
てみたいことを
せつめい

よくあるまちがい

はじめのころや、にがて
な場合のやり方

気になること、きいてみ
たいこと

①

もぐったりういたり
して水に<ruby>水<rt>みず</rt></ruby>になれる

ゆっくり水<rt>みず</rt>に入<rt>はい</rt>って、もぐったりういたりしてみよう。
水<rt>みず</rt>になれてしまえば、プールなんてこわくないよ！

 こんなナヤミはないかな

ナヤミ1

水<rt>みず</rt>がこわくて
プールに
入<rt>はい</rt>れないのよ

▶ **6**ページへ

ナヤミ2

水<rt>みず</rt>の中<rt>なか</rt>で
体<rt>からだ</rt>が
しずんじゃう

▶ **8**ページへ

ナヤミ3

息<rt>いき</rt>が
できなくて
くるしくなるの…

▶ **10**ページへ

ナヤミ**1** 水がこわくてプールに入れないのよ

ゆっくり水に入ろう！

① もぐったりういたりして水になれる

ステップ1
プールサイドにすわる

☑ 足だけ水に入れる

ステップ2
うしろむきになる

☑ うでで体をしっかりささえる

ステップ3
プールのゆかに着地する

☑ 足がつくまでゆっくり水に入る

 できないときは **これもOK！**

はしごをつかって

プールに入る

手でしっかりもってゆっくり入ってね！

はしごやかいだんがあるプールなら、さいしょはそれをつかってもOK。ゆっくり、少しずつ体を水につける。

6

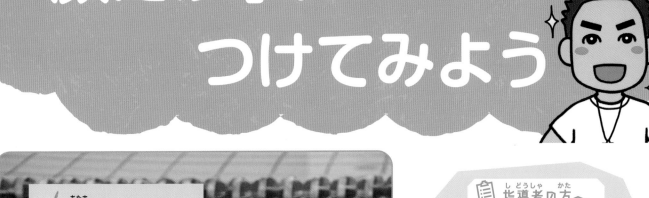

顔_{かお}だけ水<sub>みず</sub に
つけてみよう

✓ 頭_{あたま}はしずめない

✓ 顔_{かお}だけ
水_{みず}につける

指導者_{しどうしゃ}の方_{かた}へ

長_{なが}く水_{みず}につけさせない
ようにしましょう。
数_{すう}びょうつければ OK です。
水_{みず}がにがてな子_こには
水_{みず}を入_いれた洗面器_{せんめんき}を
テーブルの上_{うえ}において、
顔_{かお}をつけるようにします。
目_めはとじてもいいです。

① もぐったりういたりして水_{みず}になれる

できないときは
これもOK!

シャワーの水_{みず}を

顔_{かお}にあてる

水_{みず}がこわく
なくなるよ

シャワーで顔_{かお}に水_{みず}をあてて、
プールに入_{はい}る前_{まえ}から水_{みず}が顔_{かお}に
かかることになれておくといいよ。

7

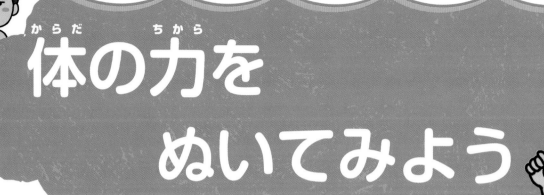

ナヤミ2 水の中で体がしずんじゃう

体の力をぬいてみよう

① もぐったりういたりして水になれる

ステップ1

体をまっすぐにして立つ

✓ 大きく息をすう

✓ 耳のうしろでうでをのばす

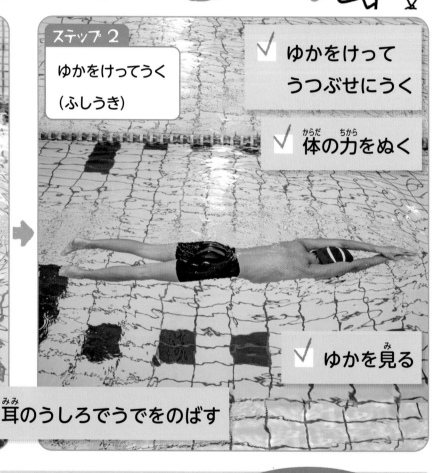

ステップ2

ゆかをけってうく（ふしうき）

✓ ゆかをけってうつぶせにうく

✓ 体の力をぬく

✓ ゆかを見る

ピーッ こんなふうになっていない？

頭が水から

出ているね

だんだんしずんじゃうよ！

頭が水から出てしまうと、体はしずみやすくなってしまう。前を見ないで、ゆかを見るようにしよう。

だるまうきで 水にういてみよう！

だるまのように体を丸めてうかぶ「だるまうき」をやってみよう！
体の力をぬくと、らくにうくことができるよ。
そのほかのいろいろなうき方にもちょうせんしてみよう！

1 だるまうきでういてみよう

 →

足をかかえる
まっすぐに立って、かたほうの足を両手でかかえる。大きく息をすう。

体を丸めてよこになる
顔を水につけて、立っている足でゆかをける。両足を両手でかかえながら体を丸め、よこにしてうく。おへそを見るようにしよう。

2 いろいろなうき方にもちょうせんしてみよう

大の字うき
顔を下にして、両手両足を大きくひろげてうく。

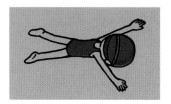

せうき
息をたくさんすって手足をひろげて上を見るようにうく。

ナヤミ3 息ができなくてくるしくなるの…

水中で息をはこう！

① もぐったりういたりして水になれる

ステップ1

しゃがんで水に入る

- ✓ 手を頭の上におく
- ✓ 息をすってしゃがむ
- ✓ 水の中で息をはく

くるしいときはむりをしない！

ステップ2

ジャンプして顔を出す

- ✓ 顔を出したら息をすう

ピーッ こんなふうになっていない❓

水中で息を

とめているね

水から顔を出したとき息がすえないよ！

水中で息をはかなかったら、水面に顔を出したときに息がすえないんだ。だから、水中では鼻と口からぶくぶくと息をはいておこう。

すいすい
およげるように
なりたい！

② バタ足で およいでみる

水になれたら、水面にうかんで前にすすんでみよう。
足で水をけってすすむ、バタ足にチャレンジだ！

 こんなナヤミはないかな

ナヤミ1

体が
水面に
うかばないんだ

▶12ページへ

ナヤミ2

ぜんぜん
前に
すすまないの…

▶14ページへ

ナヤミ1 体が水面にうかばないんだ

体をぼうのように まっすぐにしよう

② バタ足でおよいでみる

ステップ1

かべにかた足をつけて立つ

✓ 手を まっすぐ のばして くむ

✓ 息をすう

ステップ2

体をしずめて両足でかべをける

✓ うでは耳の うしろにする

✓ 両足でかべを力いっぱいける

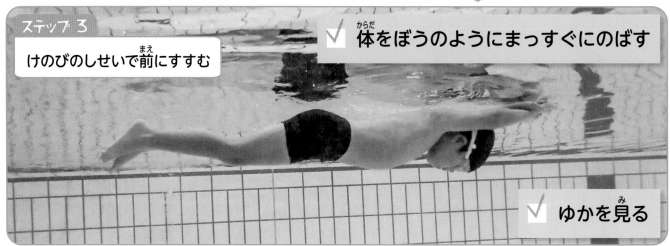

ステップ3

けのびのしせいで前にすすむ

✓ 体をぼうのようにまっすぐにのばす

✓ ゆかを見る

けのびのしせいと バタ足をチェックしよう

体をまっすぐにしてうくけのびと、前にすすむためのバタ足は、
およぎのきほんだよ。しっかりチェックしてマスターしよう！

1 けのびのしせい

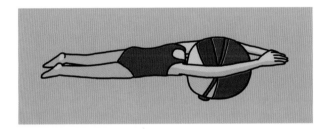

体をまっすぐにのばす

手をくんで耳のうしろでうでをのばす。

かべをけってゆび先からつま先までまっすぐにのばす。頭は下げて、あごを引き、耳まで水中に入れるようにしよう。

2 バタ足の足の動かし方をチェック

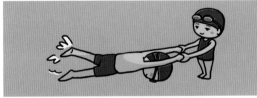

プールサイドにこしかけてバタ足

プールサイドにこしかけてバタ足をしてみよう。ひざと足首の力をぬいて、足をまっすぐにのばし、つけねから大きく動いているかをチェックしよう。

2人組でバタ足

1人がかべや手をつかんでバタ足をする。もう1人がひざがまがっていないかなど、足の動きをチェックしよう。

ナヤミ2 ぜんぜん前にすすまないの…

足のつけねから大きく動かそう！

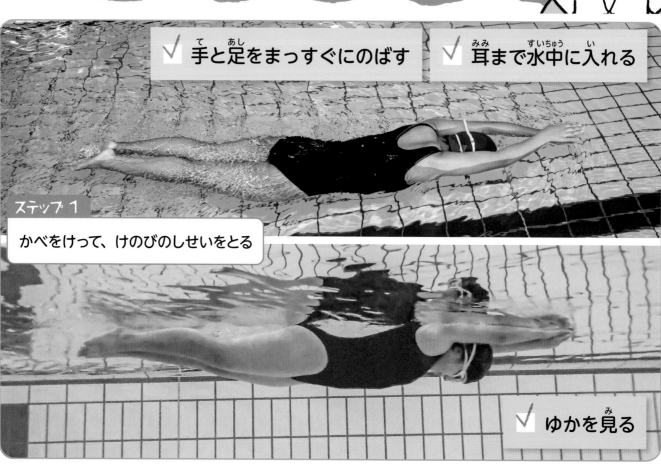

✓ 手と足をまっすぐにのばす

✓ 耳まで水中に入れる

ステップ1

かべをけって、けのびのしせいをとる

✓ ゆかを見る

 こんなふうになっていない？

頭が水面から

出ているね

足がしずんじゃうよ！

顔が前をむいて頭が水面から出てしまうと、足がしずんで、すすまなくなるよ。

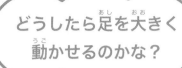
どうしたら足を大きく
動かせるのかな？

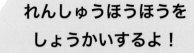
れんしゅうほうほうを
しょうかいするよ！
▶16ページへ

②　バタ足でおよいでみる

☑ **左右の足をつけねから大きく動かす**

ステップ2

バタ足ですすむ

☑ **ひざや足首の力をぬく**

 **こんなふうに
なっていない？**

ひざと足首に力が

入ってまがっているね

前にすすまないよ！

ひざと足首に力が入ってま
がってしまうと、水をしっかり
けれなくてすすまないよ。

15

ビート板をつかって
バタ足れんしゅう

ビート板をもってバタ足をやってみよう。
体がうきやすくなるので、バタ足のれんしゅうにとってもいいんだ。

① 顔を上げて前をむく

ビート板のいちばん前をもってバタ足をしてみよう。ひざや足首の力をぬき、足のつけねから大きく上下に動かそう。

② 顔を水の中に入れる

ビート板のいちばんうしろ（手前）をもってバタ足をしよう。ひじをのばし、頭を耳までしっかり水中に入れてやってみよう。顔をつけると足がうくのでもっと前へすすむよ。

📋 指導者の方へ　　いきなり長いきょりをバタ足でおよがせるのではなく、さいしょは5m、2回目は10m（プールのまん中くらい）まで、と少しずつきょりをのばしていきましょう。

すいすい
およげるように
なりたい！

③

クロールで
およげるようになる

クロールは手の動かし方と息つぎがだいじ！
コツをつかむと、はやくおよげるようになるよ。

？ こんなナヤミはないかな ？

ナヤミ1

どうやって
水をかけば
いいの…

▶18ページへ

ナヤミ2

じょうずに
息つぎが
できないんだ

▶20ページへ

ナヤミ3

スピードを上げて
かっこよく
およぎたい！

▶22ページへ

手のひらで水を
つかむようにかこう

③ クロールでおよげるようになる

ステップ 1

左手を
のばしたまま
右手で
かきはじめる

✓ 手を前にのばすようにしながら下に動かす

ステップ 2

うしろに
水をかく

✓ 手のひらで水をつかむようにおす

ステップ3

ひじから
うでを
上げる

✓ ももにつくまでかく

18

やってみよう！

プールサイドで手の
動かし方をチェックしよう

水中でうまく手が動かせないときは、プールサイドで立ったままクロールの
手の動かし方をチェックしよう。およいでいるつもりでやるのがコツだよ。

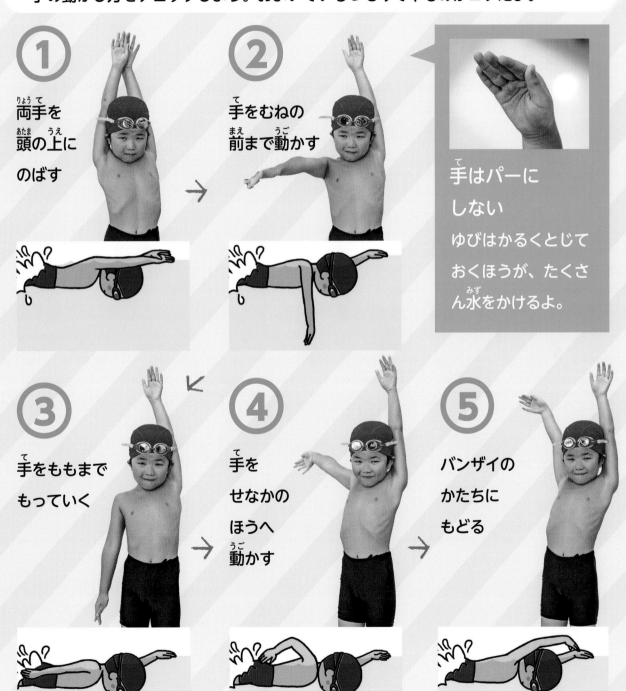

① 両手を
頭の上に
のばす

② 手をむねの
前まで動かす

手はパーに
しない
ゆびはかるくとじて
おくほうが、たくさ
ん水をかけるよ。

③ 手をももまで
もっていく

④ 手を
せなかの
ほうへ
動かす

⑤ バンザイの
かたちに
もどる

ひじが水面に出たら顔をよこにむけよう

③ クロールでおよげるようになる

ステップ1 手で水をかきはじめる

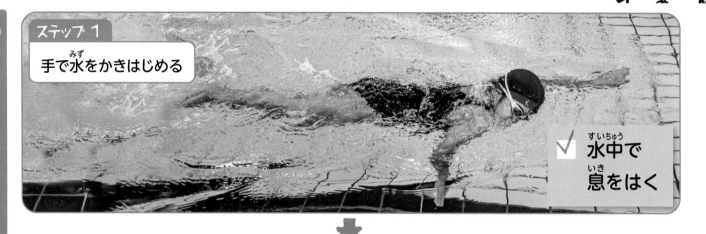

☑ 水中で息をはく

ステップ2 息つぎをする

☑ ひじが水面に出たら、顔をよこにむけ息をすう

しつもん 何回水をかいたら息つぎするの？　左右は？

さいしょは水を2回かいたら息つぎをし、少しずつ長くしてみよう

「左手、右手」と水を2回かきおわったときに息つぎをすれば、ずっと同じほうこうで、息つぎができるよ。左右どちらで息つぎするかは、自分が息つぎしやすいほうでOKだよ。

ビート板をつかって
よこむきこきゅうをしてみよう

およぎながらこきゅうをするのは、むずかしいかもしれない。
ビート板をつかって、よこむきで息つぎするれんしゅうをしてみよう。

\れんしゅう/
1 かた手で水をかきながら息をはく

かた手でビート板をもってバ
タ足をする。もうかたほうの
手で水をかく。顔は水につけ
たまま、ぶくぶくと息をはく。

\れんしゅう/
2 よこをむいて息をすう

水をかく手が水面に出たら、
顔をよこにむける。前にの
ばしているうでに耳をのせ
るようにすると、スムーズ
に息つぎができるよ。

ナヤミ 3 スピードを上げてかっこよくおよぎたい！

体をグッとのばそう！

③ クロールでおよげるようになる

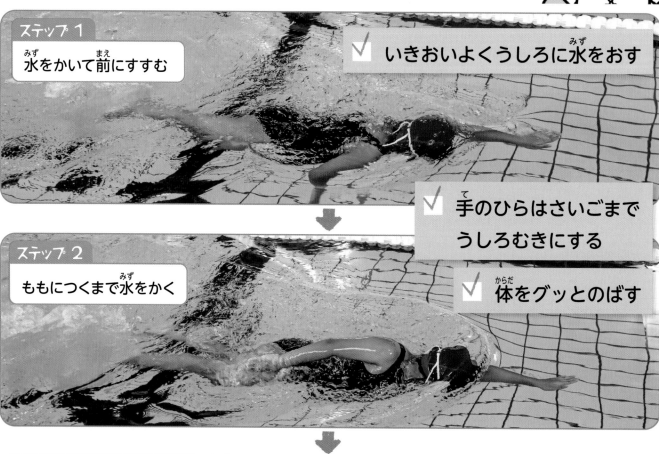

ステップ 1
水をかいて前にすすむ

☑ いきおいよくうしろに水をおす

☑ 手のひらはさいごまで
うしろむきにする

ステップ 2
ももにつくまで水をかく

☑ 体をグッとのばす

ステップ 3
手を前にもどす

☑ ひじを高く上げる

☑ ゆび先から水へ入れる

すいすい
およげるように
なりたい！

④

ひらおよぎで
およげるようになる

ひらおよぎは、足と手の動かし方がだいじ！
足と手をバランスよく動かしてすいすいおよごう。

？ こんなナヤミはないかな ？

ナヤミ1

足と手を
どう動かせば
いいんだろう

▶**24**ページへ

ナヤミ2

息つぎが
うまく
できないの…

▶**27**ページへ

ナヤミ3

きれいな
フォームで
およぎたい！

▶**28**ページへ

ナヤミ1 足と手をどう動かせばいいんだろう

かえるみたいに水をけってみよう

✓ ひざと足首をまげて
かかとをおしりに引きつける

✓ かえるみたいに
ななめうしろに
水をけり出す

✓ 両足で水を
はさむようにそろえ
足をのばす

やってみよう！

こしかけて足の動きを

チェックしよう

プールサイドにこしかけて、自分の目で足の動きをかくにんしながら、ひらおよぎの足の動きをれんしゅうしてみよう。

手でぎゃくのハートを かいてみよう!

✓ 両手で
同時に
ぎゃくの
ハートを
かく

✓ 両ほうの手のひらを
あわせるようにむねの前に
もってくる

✓ わきを
しめる

こんなふうに
なっていない❓

ももまで水を

かいているね

体のバランスが
くずれるよ!

ももまで水をかくと、手を前にもどす
ときに水のていこうが大きくなる。
そうすると体が上下にゆれて、バラン
スがくずれるよ。

息つぎのときに足をおしりに引きつけよう

4 ひらおよぎでおよげるようになる

ステップ 1

けのびのしせいですすむ

✓ 手足はまっすぐにのばす

ステップ 2

手から先に動かしはじめる

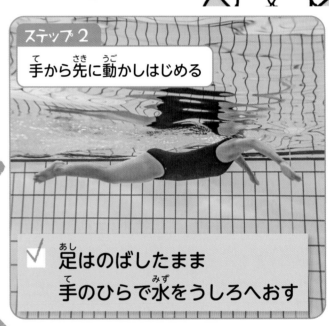

✓ 足はのばしたまま
手のひらで水をうしろへおす

ステップ 3

顔を上げて息つぎする

✓ 手をむねの前であわせる

✓ かかとをおしりに引きつける

ステップ 4

手を前にのばしながら足うらで水をける

✓ 手を前にピンっとのばす

✓ 足をのばして水をける

26

水をかいて体がおきたら 顔を上げ息をすおう

ステップ 1
手で水をかく

☑ 水をかいて前を見る

☑ しっかり息をはく

ステップ 2
体をおこす

☑ 水をむねにあつめる
ように手をあわせ
体をおこす

☑ 体がおきたら顔を上げ息をすう

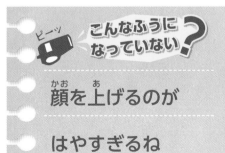

こんなふうに
なっていない？

顔を上げるのが

はやすぎるね

息つぎができないよ！

顔をはやく上げすぎると、手と足のタイミングがずれて、顔がじゅうぶんに水面に出なくなり、息つぎができなくなるよ。

ゆび先からつま先まで ピンとのばそう

④ ひらおよぎでおよげるようになる

ステップ1

両手両足をのばす

✓ まっすぐなしせいになる

ステップ2

水をかきはじめる

✓ うでぜんぶで水をかく

ステップ5

手をもどしはじめる

✓ かかとをおしりに引きつける

ステップ6

手をもどしながら水をける

✓ かえるみたいに水をける

手と足を動かす
タイミングが
だいじなんだね！

オリンピック選手も
のびたときにすすんで
いるんだって

のびてすすむのが、
ひらおよぎの
とくちょうだよ。
がんばってれんしゅう
してみよう！

④
ひらおよぎでおよげるようになる

ステップ3

かたのところまで水をかく

✓ 手のひらはうしろをむける

ステップ4

体をおこして息つぎをする

✓ 両手で水を力強くはさむ

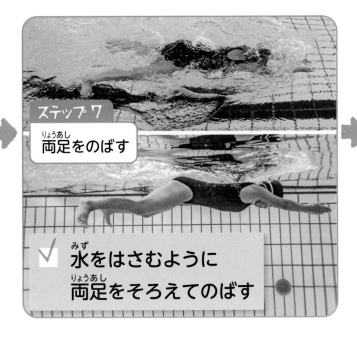

ステップ7

両足をのばす

✓ 水をはさむように
両足をそろえてのばす

ステップ8

さいごはまっすぐにのびる

✓ ゆび先からつま先まで
ピンとのばす

チェックリスト

コピーして
つかってね

すいすいおよぐためのポイントをまとめたよ。
できたものにチェックしよう！

チェック
ポイント！ **すいえい**

水（みず）になれる

- ☐ ゆっくり水（みず）に入（はい）る
- ☐ 顔（かお）だけ水（みず）につける
- ☐ 体（からだ）の力（ちから）をぬいてうく
- ☐ 水中（すいちゅう）で息（いき）をはく
- ☐ **水（みず）になれることができた！**

クロールで およぐ

- ☐ 手（て）のひらで水（みず）を つかむようにかく
- ☐ ひじが水面（すいめん）に出（で）たら 顔（かお）をよこにむける
- ☐ 体（からだ）をグッとのばす
- ☐ **クロールでおよげた！**

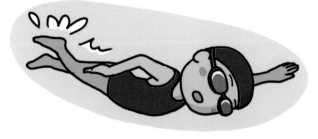

バタ足（あし）でおよぐ

- ☐ 体（からだ）をぼうのようにまっすぐにする
- ☐ 足（あし）のつけねから大（おお）きく動（うご）かす
- ☐ **バタ足（あし）でおよげた！**

ひらおよぎで
およぐ

- ☐ かえるみたいに
  水をける
- ☐ 手でぎゃくの
  ハートをかく
- ☐ 顔を上げたときに
  足をおしりに
  引きつける
- ☐ 水をかいて体がおきたら
  顔を上げ息をすう
- ☐ ゆび先からつま先まで
  ピンとのばす
- ☐ ひらおよぎで
  およげた！

さくいん

監修	筑波大学附属小学校　教諭　眞榮里耕太

1980年生まれ。筑波大学附属小学校教諭、筑波学校体育研究会理事、初等教育研究会会員。著書、監修に『小学校体育 写真でわかる運動と指導のポイント』（大修館書店）、『小学生の動きつくり・体つくりの教科書』（ベースボールマガジン社）、『子どもの運動能力をグングン伸ばす! 1時間に2教材を扱う「組み合わせ単元」でつくる筑波の体育授業』『できる子が圧倒的に増える!「お手伝い・補助」で一緒に伸びる筑波の体育授業』（ともに明治図書出版）がある。

企画・制作	やじろべー
デザイン	ヨダトモコ
DTP	大橋麻耶
執筆	田坂友暁
イラスト	河原ちょっと
撮影	中島健一
協力	ティップネス下井草店

運動ができる・すきになる本
⑤ すいえい

2020年9月30日初版第1刷印刷　2020年10月10日初版第1刷発行

監修　眞榮里耕太
編集　株式会社　国土社編集部
発行　株式会社　国土社
　　　〒101-0062　東京都千代田区神田駿河台2-5
　　　TEL 03-6272-6125　　FAX 03-6272-6126　　https://www.kokudosha.co.jp
印刷　株式会社　厚徳社
製本　株式会社　難波製本

NDC780　32P　29cm　ISBN978-4-337-17605-8　C8375